Die Kraft der Engel

Ein Geschenk für Dich!

Für Angélique:
Mögen die Heiligen
Dich zu Gott geleiten!

Für Pearl,
einer Perle unter den Engeln.
Thank You for just being there!

Für alle Seelen,
die ihr höheres Bewußtsein
jeden Tag auf's Neue entfalten möchten.

Wulfing von Rohr

Die Kraft der Engel

Dein liebevoller Begleiter durch ein lichterfülltes Jahr

mit Illustrationen von

Gayan S. Winter

Urania Verlags AG

1. Auflage.: 1.–10. Tausend 1996

ISBN 3-908644-34-8

Umschlag: Gerd Aumann unter Verwendung
einer Illustration von Gayan S. Winter
Die Illustrationen entstammen dem gleichnamigen
Kartenset erhältlich bei Urania / AGM Müller,
Neuhausen
Satz: GBS, CH-3250 Lyss
Printed in Italy

Jetzt ist die Zeit zu einem neuen Aufbruch!

Und meine Seele spannte
Weit ihre Flügel aus,
Flog durch die stillen Lande,
Als flöge sie nach Haus.

Joseph von Eichendorff

Zum Geleit

«Eine Blume blüht in all ihrer Lieblichkeit, ob sie von Menschen gesehen wird oder nicht, ob sie in der Wildnis wächst oder in einem Garten oder im Herzen der Stadt… Sie lebt, um Gott zu verherrlichen, um die Schönheit Gottes auszustrahlen, um den Duft Gottes zu verbreiten… So sollte unser Leben sein – eine Art sichtbares, stilles Gedicht, das die Schönheit unseres Schöpfers reflektiert.»

Diese Worte des Mystikers und Dichters Sant Darshan Singh gelten, meine ich, auch für die wunderbare Kraft der Engel. Die Boten Gottes sprechen mit leiser Stimme in unser Herz, führen sanft auf unserem Weg und schenken der Seele neue Hoffnung: die Zuversicht, daß sich unser Leben immer weiter für die Fülle der Schöpfung und für die ewige Liebe des Schöpfers zu öffnen vermag.

Inhalt

JANUAR

Der Mensch lebt und bestehet
Nur eine kleine Zeit,
Und alle Welt vergehet
Mit ihrer Herrlichkeit.
Es ist nur Einer ewig
und an allen Enden
Und wir an seinen Händen.

Matthias Claudius

Vertraue auf die große Kraft des Lebens!

Haben wir uns das Leben selbst gegeben? Haben wir die Welt erschaffen? Nicht aus der kleinen eigenen Kraft des Ichs leben wir, sondern aus einer großen, schöpferischen Energie, die wir kosmische Lebenskraft nennen können oder schlicht Gott! Alle unsere Sorgen und Ängste rühren daher, daß wir nicht wissen, wer wir wirklich sind. Wir meinen, wir sind der sterbliche Körper, die vergängliche Hülle. Wir klammern uns an das, was wir sehen und greifen können. Wir haben dabei vergessen, daß wir bewußte Seele sind, deren Heimat in Gott ist. Die Engel wollen uns daran erinnern!

1. Januarwoche

Die Sterne funkeln mit einer Botschaft für Dich!

Wie kannst Du Dich für Botschaften aus anderen Dimensionen öffnen? Probiere folgende Übung einfach eine ganze Woche aus: Setze Dich jeden Morgen zehn Minuten still hin und halte die Augen geschlossen. Spüre in Dein Herzzentrum hinein mit der Frage:

Welche Kraft oder Schwingung soll ich heute zum Wohl der Mitmenschen und zu meiner eigenen Erfüllung versuchen, bewußt durch mich hindurchstrahlen zu lassen? Klarheit? Freude? Liebe? Mut? Bevor Du dann in den Tag hineingehst, laß Dein ganzes Wesen von dieser Kraft durchströmen.

2. Januarwoche

Glaube ist die Kraft des Herzens – gib ihr Raum!

Der Glaube macht selig, der Glaube kann Berge versetzen. Ohne Glauben, ohne Hoffnung bleibt das Leben leer. Aber wie soll sich ohne eigenes Erleben Glauben überhaupt einstellen können?

Glaube ist der Vogel, der singt, wenn die Nacht noch dunkel ist. (Tagore)

Der Glaube an Gott ist wie das Wagnis des Schwimmens: Man muß sich ihm anvertrauen und sehen, ob es trägt. (Küng)

Nimm Dir für diese Woche vor, versuchsweise einmal alles zu glauben, was Dir Menschen sagen – und beobachte, ob sich dadurch in Deinen Beziehungen irgendetwas verändert.

3. Januarwoche

**Kreativität ist die Kraft,
aus wenig viel zu machen.**

«Ich habe nicht genug Geld, um dies oder jenes zu tun.» «Die Arbeit (die Familie, die Umwelt) erlaubt mir nicht, daß ich etwas Neues anfange.»

Wodurch begrenzen wir uns selbst, welche Muster und Programme laufen in uns ab? Was hindert uns, kreativer und damit glücklicher zu sein?

Nimm Dir eine Woche lang vor, an jedem Tag eine kleine oder größere neue Sache zu tun, die Dir wirklich Freude macht: Male ein Bild, schreibe Deine Gedanken auf, entwirf einen Plan, pflanze etwas im Garten, spiele mit den Kindern…

4. Januarwoche

Jetzt ist die Zeit für einen neuen Aufbruch.

Das Meer des Lichtes ist grenzenlos, nur unser Leben ist so kurz. (Darshan Singh)

Wenn wir jetzt nicht beginnen, unser Leben aktiv neu zu gestalten, wenn wir heute nicht anfangen, uns für das ganze Leben zu öffnen – wann dann?

Was ist uns wichtig? Welchen Wunsch möchten wir uns gern erfüllen? Nehmen wir uns vor, an jedem Tag in dieser Woche mindestens einen konkreten Schritt auf die Verwirklichung hin zu unternehmen!

Jeder Tag bringt eine Chance,

1.1. Suche den Sinn des Lebens und erfülle ihn.
2.1. Erst Loslassen macht Transformation möglich.
3.1. Entdecke die Freude des bewußten Lebens.
4.1. Ein Blick eines Heiligen erhebt die Seele aus Äonen des Karmas.
5.1. Beim göttlichen Mundschenk nimmt unsere Berauschung kein Ende.
6.1. Laß dich ein in das himmlische Lachen.
7.1. Wenn die Blumen des Herzens erfroren sind, hilft nur Seine Liebe.
8.1. Möge unser Verstand die «Verrücktheit» Deiner Liebe suchen…
9.1. Wer zur Liebe einkehrt, wird seiner Sinne nicht mehr Herr.
10.1. Vertraue auf die Kraft der Seele.
11.1. Die Seele kann ihren Durst nur in der Oase der Heiligen stillen.
12.1. Ich erlaube meinen Gefühlen nicht, meine Seele zu verdecken.
13.1. Erforsche den Raum der Stille und des Friedens in dir.
14.1. Lebe jeden Tag als weiteren Schritt zur Vollendung.
15.1. Verständnis ist die Grundlage von Harmonie.

das Leben ganz neu zu entfalten!

16.1. Ein Engelsgruß von Angélique, der Botin des kindlichen Staunens.

17.1. In dunklen Nächten der Seele schenken Engelchöre neue Zuversicht.

18.1. Aus den Tiefen des Herzens steigt das Gebet um Erlösung auf.

19.1. Sorge dich nicht um Dinge, die du nicht ändern kannst.

20.1. Mache mein Herz zur Wohnstatt Deiner Liebe.

21.1. Eine Träne und ein Stern… Erinnerung und Hoffnung zugleich.

22.1. Vertraue deinem Selbstwert und lebe ihn.

23.1. Mit jedem bewußten Atemzug bekräftigen wir die Größe des Lebens.

24.1. Unser Leben verdanken wir Ihm. Dank sei Dir, o Herr.

25.1. Laß uns auch die Herausforderungen als Deine Gaben annehmen.

26.1. Fühle die Zärtlichkeit der Engel um dich.

27.1. Dieses Leben ist kurz; Liebe aber währt von Ewigkeit zu Ewigkeit.

28.1. Unser Leben ist ein Ausdruck göttlicher Liebe.

29.1. Jede Reise beginnt mit dem ersten Schritt: machen wir ihn heute.

30.1. Ich bemühe mich, die ganze Schöpfung als meine Familie zu sehen.

31.1. Hingabe an Gott führt zum Frieden des Herzens.

FEBRUAR

Sein ist nicht, was es scheint,
auch nicht das Nicht-Sein.
Die Existenz der Welt liegt
nicht in der Welt.

Rumi

Entwickle Unterscheidungskraft für das Wesentliche im Leben.

Wenn Du wüßtest, daß Du noch ein Jahr zu leben hättest, wie würdest Du mit dieser Zeit am liebsten umgehen? Wenn Du noch einen Monat auf dieser Erde zubringen kannst, was machst Du dann damit? Wenn es nur noch eine Woche Zeit gäbe, in dieser Form hier zu sein, was wäre Dir dann wichtig?

Hast Du einen Plan, was Du in den nächsten zwei bis drei Jahren vorhast? Im Beruf, im Lernen von Neuem, in Familie und Beziehung, mit Kindern, in Kultur und Freizeit? Welchen Raum nimmt gezielte Bewußtseinserfahrung in der Vorausschau und Planung Deines Lebens ein?

1. Februarwoche

Wie eine Wolke zieht das Leben vorüber: Halte Dich an das Ewige.

Mensch, werde wesentlich: denn wann die Welt vergeht,
So fällt der Zufall weg, das Wesen, das besteht.

(Angelus Silesius)

Stell Dir einfach vor, Du wärst gerade jetzt, eine Woche lang, ein Engel. Was würdest Du tun? Wie würdest Du Deine Zeit verbringen? Male Dir alles in den schönsten Farben aus, jeden dieser sieben Tage wieder neu.
Und dann probiere, so viel als möglich davon in Deinen Alltag hineinzunehmen!

2. Februarwoche

Entwickle Deine geistige Klarheit.

Die Öffnung für die Kraft der Engel ist mehr als nur schöne Gedanken oder religiöse Schwärmerei. Geistige Klarheit, Achtsamkeit und bewußte Ausrichtung des Wesens und Wirkens auf das, was im Leben dauerhaft und wichtig ist, sind besondere Qualitäten der Menschen, die in Verbindung mit höheren Sphären sind.

Prüfen wir uns bewußt in der Woche an jedem Tag: Sind wir genügend klar im Denken und Fühlen, im Sprechen und Handeln? Oder täuschen wir uns selbst und leiten andere in die Irre? Bereits die Prüfung kann Wandel bewirken!

3. Februarwoche

Nutze die Kraft des bewußten Willens auf weise Art.

Ist der Geist willig und ist nur das Fleisch schwach, wie die Bibel meint? Zwischen dem eigenen Bemühen und der Gnade «von oben» gibt es eine eigentümliche, paradoxe Beziehung. Ohne den Ich-Willen geht es nicht, ohne Gnade schon gar nicht. Die Frage ist: wie ist der Ich-Wille gepolt? Zieht er die Lebenskutsche wie ein Pferd ohne Kutscher mal hier, mal dorthin – oder wird das Zugpferd von einer Seele gelenkt, die weiß, wo das Ziel ist und wie man am besten dorthin gelangt?

Frage Dich bei jeder Entscheidung dieser Woche: Will meine Seele das oder nur mein Ego?

4. Februarwoche

Genauigkeit im Suchen, Spüren und Sprechen hilft Dir weiter.

Suche das, was verbindet.

Spüre, was allen hilft und zur Freude gereicht.

Sage, was Du meinst und meine, was Du sagst.

Öffne Dein Herz für die leisen Klänge der Engelschöre und das sanfte Licht der Liebe, die aus der Ewigkeit heraus in jenen Seelen aufsteigen, die das wahre Leben suchen.

Jeder Tag bringt eine Chance,

1.2. Die Erde ist unser Haus, das Universum unsere Heimat.
2.2. Finde den inneren Frieden, um ihn im Alltag zu verwirklichen.
3.2. Ich nehme wachen Anteil am Leben und teile mich mit.
4.2. Laß deine Liebe frei fließen, wo immer du auch hingehst.
5.2. Erkennen wir in allen Nächsten unsere Seelenpartner.
6.2. Entscheide dich, was dir im Leben wirklich wichtig ist.
7.2. Gott möchte, daß du immer glücklich bist.
8.2. Entdecke die Harmonie der Himmel in Dir.
9.2. Wir reisen zu Mond und Sternen, wann zum Herz des Nachbarn?
10.2. Jede Religion ist eine einzige Facette des Glanzes Gottes.
11.2. Die Engel sprechen zu unseren Herzen, nicht zum Verstand.
12.2. Eng ist die Pforte und schmal ist der Weg, der zum Leben führt.
13.2. Erfreue dich an der Schönheit der Engelsphären.
14.2. Das Licht scheinet in der Finsternis… Gehen wir nach innen.
15.2. Möge Frieden in unserem Herzen und unserem Gemüt sein.

das Leben ganz neu zu entfalten!

16.2. Wirklich bist Du und meine Liebe für Dich.
17.2. Aufrichtigkeit führt zu einem ruhigen Gemüt.
18.2. Dem Fest der Geburt sollte das Fest der Auferstehung folgen.
19.2. Ich erfreue mich meiner Licht-Natur und lebe daraus.
20.2. Die wahre Geburt ist die Geburt aus der Welt ins ewige Licht.
21.2. Suche Liebe, empfinde Liebe, strahle Liebe aus.
22.2. Die wahre Stärke des Menschen kommt aus seiner höheren Natur.
23.2. Leben, Schule, Bildung ohne Religion – das ist kein Leben.
24.2. Wahre Religio: die Rückverbindung der Seele mit Gott.
25.2. Wisset ihr nicht, daß ihr der Tempel Gottes seid…
26.2. …und der lebendige Geist Gottes in euch wohnt?
27.2. Nichts Böses sehen, hören oder sprechen: Hilfen auf dem Weg.
28.2. Wahre Taufe: die Verbindung der Seele mit dem Heiligen Geist.
29.2. Schenke mir die Sicherheit Deiner Gegenwart!

MÄRZ

Der ist ein Arzt, der das Unsichtbare weiß, das keinen Namen hat, keine Materie und doch seine Wirkung.

Paracelsus

Heilung ist mehr als ein gesunder Körper.

Solange wir auf der Erde leben, sollten wir so gesund sein wie nur möglich – ganzheitlich heil, also gesund an Körper, Geist und Seele. Gesundheit und Wohlbefinden fangen im Bewußtsein an: mit der inneren Einstellung zum Leben, bei der Auswahl nicht nur der Lebensmittel, sondern auch der Menschen und Dinge, mit denen wir uns beschäftigen. Wir sollten die Gedanken des Umweltschutzes auf uns übertragen: Wie können wir geistige Umweltverschmutzung verringern, wie können wir Lebensfreude und Harmonie, Frieden und Liebe erleben und ausstrahlen?

1. Märzwoche

Erkenne den Rhythmus Deines Lebens und laß Dich ein.

Wie ist Dein Tagesrhythmus? Stimmen innere Energie und äußere Abläufe überein – oder nicht? Was kannst Du ganz konkret ändern, verbessern? Würde es Dir helfen, einen Tagesplan zu machen, um die Zeit sinnvoll zu nutzen?

Bist Du mit der Richtung und der Energie Deines Lebens im Einklang? Lebst Du nach Deinem natürlichen inneren Rhythmus? Oder fühlst Du Dich gezwungen oder blockiert? Sind Yin und Yang, Empfänglichkeit und Ausdruckskraft, Muße und Aktivität in Harmonie? Beobachte das jeden Tag genau und ziehe Konsequenzen!

2. Märzwoche

Hoffnung ist die Kraft der Persönlichkeit: entfalte sie.

Warum hofft der Mensch nur in die Nähe? Da muß er handeln und sich helfen. In die Ferne soll er hoffen und Gott vertrauen. (Goethe)

Wenn wir mit anderen teilen, was wir «haben» und ihnen zu neuer Hoffnung helfen, dann kann auch in uns selbst die Kraft der Hoffnung wachsen.

Helfen wir in dieser Woche an jedem Tag mindestens einmal, daß ein Mitmensch wieder neue Hoffnung schöpfen kann: indem wir ihm (oder ihr) unverhofft, unaufgefordert ein liebes Wort sagen, einen Dienst erweisen, etwas schenken.

3. Märzwoche

Frieden beginnt in Deinem eigenen Herzen.

Alle Religionen lehren uns, daß wir Kinder Gottes sind und daß wir für jeden, dem wir begegnen, Liebe im Herzen tragen sollten. Erkennen wir das Licht Gottes in uns, erfahren wir es selbst, dann werden wir dasselbe Licht auch in den anderen sehen. Wenn Frieden unser Herz erfüllt, strahlt dieser Frieden von uns aus, und wenn jeder diese Erfahrung macht, wird auf diesem Planeten wahrer Frieden herrschen.

(Rajinder Singh)

Meditiere darüber, wie Du Dich selbst mit Frieden im Inneren verbinden kannst und wie Du ihn diese Woche lang, an jedem Tag, ausstrahlst.

4. Märzwoche

Spüre Segen innen, und strahle ihn nach außen weiter.

Segen ist noch mehr, ist noch aktiver als Frieden. Segen quillt aus einem Herzen, das in Gott ruht.

Wir fliegen zum Mond und zu den Sternen, aber das Herz unseres Nachbarn haben wir leider noch nicht erreicht. (Darshan Singh)

Wenn Du in meinem Herzen wohnst, läßt Du aus Tränen Perlen werden; wenn Du in meiner Seele lebst, gibst Du mir Trost und Freude.

Wen kann ich heute trösten? Wem kann ich in dieser Woche die Aufmerksamkeit meines Herzens schenken?

Jeder Tag bringt eine Chance,

1.3. Sehen steht über allem. Selbst sehen statt zu glauben.
2.3. Liebe kennt Dienen und Hingabe.
3.3. Nutze die Kraft des Willens, der einem Sinn dient.
4.3. Gutes tue sogleich, Fragwürdiges schiebe auf.
5.3. Wenn die Welt dir den Rücken kehrt, ist Er bei dir.
6.3. Ich bin frei für die Verheißung der Zukunft.
7.3. Das menschliche Leben ist die ungeheure Chance, Gott zu begegnen.
8.3. Vergib: Vergib anderen Menschen. Vergib dir selbst!
9.3. Laß jeden Tag die Engel in dein Leben fliegen.
10.3. Gotteskraft, Christuskraft, Meisterkraft: der Heilige Geist.
11.3. Der Heilige Geist: die Verbindung zwischen Seele und Gott.
12.3. Bleibe geduldig vor dem Tor nach innen, bis Er dir aufmacht.
13.3. Gib dem Leben Raum, dir spontan etwas Neues zu zeigen.
14.3. Es gibt nur eine Religion: die Religion der Liebe.
15.3. Es gibt nur eine Sprache: die Sprache des Herzens.

das Leben ganz neu zu entfalten!

16.3. Es gibt nur eine Kaste und Rasse: die der Menschheit.
17.3. Wasser paßt sich an, ohne seine Natur zu verlieren.
18.3. Stelle dich den Problemen, solange sie noch geringfügig sind.
19.3. Zurückzukehren ist die Bewegung des Tao, nachzugeben seine Weise.
20.3. Wahre Worte sind oft nicht schön, schöne Worte oft nicht wahr.
21.3. Jetzt ist die Zeit für einen Neuanfang.
22.3. «Go jolly!» «Lebe voller Freude!»
23.3. Ein einziger Blick der Liebe erweckt die Seele aus dem Schlaf.
24.3. Wer gibt solche Blicke? Gottmenschen, Heilige.
25.3. Ich bin für das Abenteuer des Lebens bereit.
26.3. Körper vergehen, Bewußtsein nie.
27.3. Beten wir um Seinen Segen für alle hinübergegangenen Seelen.
28.3. Schaue dem Flug der Vögel zu: genauso kann Deine Seele fliegen.
29.3. Nimm dir immer wieder Zeit für eine innere Reinigung.
30.3. Ein neuer Morgen ruft zur frischen Tat.
31.3. Erkenne, wofür du selbst verantwortlich bist.

APRIL

Aus dem Leben heraus sind der
Wege zwei dir geöffnet:
Zum Ideale führt einer,
der andere zum Tod.
Siehe, daß du bei Zeit noch
frei auf dem ersten entspringest,
ehe die Parze mit Zwang dich
auf dem andern entführt.

Schiller

Karma heißt, Verantwortung für sich selbst zu übernehmen.

So schlimm es in der Welt zugeht, so unverständlich das Leben ist, so weit entfernt Gott zu sein scheint – dennoch dürfen wir nicht fatalistisch werden, sondern müssen uns darum bemühen zu erkennen, was unsere ureigenen Aufgaben sind, um Leid zu lindern. Jeder von uns hat es in seinem Lebenskreis in der Hand, Positives zu denken, zu sagen und zu tun. Das wird meist nur dann gehen, wenn wir Zugang gewonnen haben zu jenen spirituellen Sphären, aus denen die Kraft der Engel uns zufließen will. Erst durch die Öffnung für den Himmel gelingt Verwirklichung auf der Erde.

1. Aprilwoche

Das Schicksal erfüllt unsere Wünsche – auf seine Weise.

Alles ist Schwingung, ist Energie. Energie wird nicht aufgelöst, sondern umgewandelt. Auch Träume und Gefühle, Gedanken und Worte sind Energien, die Konsequenzen auslösen. Manchmal gibt uns das Leben etwas, was wir uns früher sehr erhofft haben, was wir aber jetzt gar nicht mehr brauchen können. Was tun?

Gehe bedachter mit Wünschen um. Denke über die Folgen nach. Überlege Dir mehrfach, ob Du etwas wirklich möchtest oder nicht. Notiere Dir diese Woche lang alle Deine Wünsche und überprüfe am Ende der Woche, was Du davon wirklich willst.

2. Aprilwoche

Übe positives Denken und konstruktives Handeln jetzt!

Nach der Karmalehre sind etwa 75% des Lebens vorbestimmt und etwa 25% dem «freien Willen» offen. Der freie Wille hat den meisten Spielraum, wenn es im Leben um Wünsche und Hoffnung, um Denken und Fühlen geht. Am «freiesten» ist unser Wille, wenn es sich um spirituelle Ziele handelt und darum, was wir für unsere Seele tun.

Stellen wir daher an jedem Tag dieser Woche auf's Neue unser Unterbewußtsein den ganzen Tag lang in den Dienst einer Affirmation, z.B. *Heute werde ich mindestens eine Sache abschließen.* Oder nehmen wir eine Affirmation von den Engelkarten für jeden Tag.

3. Aprilwoche

Einfühlung führt zu Mitgefühl, Mitgefühl zu Harmonie.

Begegne jedem Menschen als Dein eigen und verströme Deine Liebe frei, wo immer Du auch hingehst.
(Darshan Singh)

Jedes Mal, wenn in dieser Woche in der Begegnung mit einem anderen Menschen eine Meinungsverschiedenheit zu Tage tritt, nimm Dir vor, ein-, zwei- oder dreimal ruhig durchzuatmen, bevor Du reagierst, und versuche Dich in das Fühlen und Denken des anderen hineinzuversetzen: Wie würdest Du an seiner Stelle handeln und sprechen? Welche Wünsche und Bedürfnisse hättest Du in seiner Lage?

4. Aprilwoche

Im Labyrinth des Lebens rufe nach Gott: Er wird Dich führen.

Wer hat das Kreuz erhoben
Zum Schutz für jedes Herz?
Wer wohnt im Himmel droben
Und hilft in Angst und Schmerz?

Geh zu dem Wunderstamme,
Gib stiller Sehnsucht Raum,
Aus ihm geht eine Flamme
Und zehrt den schweren Traum.

Ein Engel zieht dich wieder
Gerettet auf den Strand,
Du schaust voll Freuden nieder
In das gelobte Land.

(Novalis)

Suche nach dem in Dir, was ewig und unsterblich ist. Bitte Gott, Dich zu dieser Erfahrung zu führen.

Jeder Tag bringt eine Chance,

1.4. Ohne Gnade keine Bewußtwerdung, ohne Bewußt-Sein keine Rückkehr.
2.4. Wenn Du nur lächelst, blüht die Knospe meines Herzens auf.
3.4. Das Tao, was genannt werden kann, ist nicht das wahre Tao.
4.4. Ich erinnere mich daran, was ich bin: Liebe, Licht und Freude.
5.4. Suche und dann bleibe in deiner Mitte.
6.4. Je mehr du weißt, desto weniger verstehst du.
7.4. Wann sind wir wirklich frei?
8.4. Ein Kind der Erde schein ich: zu lieben gemacht, zu leiden.
9.4. Gott, laß uns Dein Heil schauen, auf nichts Vergänglich's trauen.
10.4. Ahnest du den Schöpfer, Welt? Such ihn überm Sternenzelt...
11.4. Du kannst das Tao nicht verlieren, du kannst es nur wiederfinden.
12.4. Vertraue dem Leben, auch gegen alle Vernunft.
13.4. Suche nach dem Pfad zum ewigen Leben.
14.4. Wer suchet, der findet; wer anklopft, dem wird aufgetan...
15.4. Om mani pade hum: O du Juwel in der Lotosblüte!

das Leben ganz neu zu entfalten!

16.4. Wahrheit ist wichtig, besser noch wahres Leben.
17.4. Liebe kennt keine Jahreszeiten.
18.4. Ich finde und bewahre mein inneres und äußeres Gleichgewicht.
19.4. Geheimnis: Tränen der Liebe verwandeln dich in die Liebe selbst.
20.4. Ohne Bemühung keine Gnade, ohne Gnade keine Bemühung.
21.4. Wachsen, lernen, sich reinigen: erst danach Segen.
22.4. Schaue am Horizont deiner Seele das Licht der inneren Sonne.
23.4. Suche im Zauber des frühen Morgens die Begegnung mit Ihm.
24.4. Öffne dich für Mitfühlen, nicht für Mitleiden.
25.4. Wenn es keine Wünsche mehr gibt, stellt sich Frieden ein.
26.4. Trennungsschmerz ist das Los des Menschen, der noch sucht.
27.4. Glücklich der Mensch, der einen wahren Heiligen gefunden hat.
28.4. Aus fernen Himmeln kommt ein Engel und ruft Deinen Namen.
29.4. Ich träumte in der Blume, erwachte im Tier und möchte nun zu Dir.
30.4. Wenn der Mensch nicht will, kann auch Gott nichts ändern.

MAI

Zuerst verwirren sich die
Worte, dann verwirren sich
die Begriffe, und schließlich
verwirren sich die Sachen.

Chinesisches Sprichwort

Sprich, was wahr ist, notwendig und liebevoll.

Wir sprechen oft zu hastig, zu unüberlegt – und verletzen damit (meist ungewollt) das Herz eines Mitmenschen.

Erinnern wir uns möglichst häufig daran, bevor und wenn wir reden, daß alle Menschen Geschöpfe einer einzigen Kraft sind, deren Ursprung und Ziel Liebe, Licht und Harmonie ist.

Du mußt gerade heraus reden, damit deine Worte wie Sonnenlicht in unsere Herzen fallen.

Indianisches Sprichwort

1. Maiwoche

Jetzt geht es um Geduld und Bereitschaft zum Austausch.

Jeder Mensch hat seine eigenen Gefühle und Gedanken, jeder geht auf seinem Weg zum Ziel. Bemühen wir uns bewußt darum, Geduld zu entwickeln, zuzuhören und uns selbst auch mitzuteilen.

Vor jeder spontanen Reaktion in diesen sieben Tagen lehne Dich erst einmal entspannt zurück, atme dreimal tief ein und aus, und dann überlege, welche Reaktion jetzt am besten ist.

Vor jeder Entscheidung in dieser Woche nimm Dir Zeit, mit dem Menschen zu sprechen, den die Sache auch betrifft.

2. Maiwoche

Entwickle Rücksicht und übe Vorsicht.

Lernen wir aus unseren Erfahrungen der Vergangenheit, um im Alltag sowohl Rückschau wie Vorschau, sowohl Rücksicht wie Vorsicht zu entwickeln.

Verwechseln wir dabei Rücksichtslosigkeit nicht mit angeblichem Streben nach Wahrheit und halten wir Ängstlichkeit nicht für Vorsichtigkeit.

Beobachten wir an jedem Tag der Woche ganz genau: Auf welchen Menschen können wir mehr Rücksicht nehmen? In welcher Angelegenheit ist mehr Vorsicht angezeigt?

3. Maiwoche

Zögere nicht, für das Richtige kraftvoll einzutreten.

Was nützte es dem Menschen, wenn er die ganze Welt gewönne und nähme doch Schaden an seiner Seele?
(Bibel)

Was ist das Richtige im Leben? Wahrheit? Liebe? Frieden? Menschlichkeit? Mitgefühl? Freude? Gerechtigkeit? Oder welche anderen Qualitäten und Ziele sind uns wichtig? Gott hilft bekanntlich denen, die sich selbst helfen!

Wenn wir uns einmal für Eines entschieden haben, sollten wir uns dafür mit ganzer Kraft, aus vollem Herzen und mit vertrauensvoll offener Seele einsetzen. Prüfen wir, wie und wo wir dazu eine Woche lang gute Gelegenheiten haben.

4. Maiwoche

Übe Nachsicht, auch gegenüber Dir selbst.

Liebe deinen Nächsten wie dich selbst (bzw. dein Selbst). Das Gebot des Neuen Testaments ist wörtlich zu verstehen. Wir müssen, sollten uns selbst so annehmen, wie wir sind: mit Schwächen und schlechten Gewohnheiten, mit Mängeln und weniger schönen Seiten. Solange wir auf der Erde sind, bleiben wir unvollkommen. Das ist weder ein «Freibrief» nicht mehr an sich zu arbeiten, noch allerdings ein Verdikt, das uns ein für allemal als «schlecht» abstempelt.

Verzeihen wir uns in dieser Woche aus ganzem Herzen selbst, verwöhnen wir uns und gönnen wir uns etwas für's Gemüt!

Jeder Tag bringt eine Chance,

1.5. Das Lied der Liebe erklingt im Reigen der gesamten Schöpfung.
2.5. In den Blüten grüßt dich die Schönheit deiner eigenen Seele.
3.5. Inspiration entsteht durch Aufmerksamkeit auf's Wesentliche.
4.5. Leben will gelernt sein: suche nach einer/m Lehrer/in.
5.5. Werde zu einer/m bewußten Lichtarbeiter/in.
6.5. Sein jenseits von Richtig und Falsch: treffen wir uns dort!
7.5. Muß das Leben immer Kampf sein? Oder können wir loslassen?
8.5. Herr, mach mich zum Boten deines Friedens...
9.5. Ich erwarte das Unerwartete und bin deshalb nie enttäuscht.
10.5. Halte die Verbindung mit deinem höheren Selbst aufrecht.
11.5. Nutze den freien Willen, soweit du ihn hast, bewußt.
12.5. Teile deine Freude mit anderen Menschen.
13.5. Strebe nach Weisheit mehr als nach Wissen.
14.5. Teile deine Fülle mit anderen Menschen.
15.5. Herr, wenn es Dich gibt, möchte ich zu dir kommen.

das Leben ganz neu zu entfalten!

16.5. Laß dein ganzes Leben Heilung sein.
17.5. Ich bin mir selbst gegenüber völlig ehrlich.
18.5. Nimm dir immer wieder einmal genügend Zeit ganz für dich selbst.
19.5. Fleisch wird aus Fleisch geboren, Geist aus Geist…
20.5. Arbeite mit am globalen spirituellen Erwachen: wache selbst auf.
21.5. Liebe ist das Versprechen eines neuen Lebens.
22.5. Bleib geerdet, auch wenn du geistig schwebst.
23.5. Jeder Mensch braucht Zuwendung; gib du sie heute einem anderen.
24.5. Das leise Flüstern der Engel bringt dir göttlichen Gruß.
25.5. Glaub an deine Träume und gib ihnen Kraft.
26.5. Phantasie ist wichtiger als Faktenwissen.
27.5. Kommuniziere, um zu verstehen und verstanden zu werden.
28.5. Ich erlaube mir, meine Liebe zu spüren und zu teilen.
29.5. Auch ohne Schmeicheleien habe ich meinen Wert.
30.5. Höre die Botschaft der Freude der erwachenden Seele.
31.5. Die Sterne sind wie Sendboten, die uns den Weg zu Gott weisen.

JUNI

Labor omnia vincit improbus.
Unablässige Arbeit besiegt alles.

Vergil

Arbeit ist ein Sprungbrett zur bewußten Entwicklung.

Ziehen wir den besten Nutzen aus unserer Lebenszeit – dieses Leben währt nicht ewig. Nur in der menschlichen Form genießen Seelen das Geburtsrecht, zu ihrem Schöpfer zurückzukehren. Der Weg dorthin ist tätige Liebe. Die Arbeit an sich selbst ist die größte und schwierigste Arbeit. Daraus erwächst Liebe. Liebe kennt Dienen und Geben.

Diene – diene Deinem Nächsten wie Dir selbst; so dienst Du Gott.

Gib,
Gib mehr,
Gib immerzu…

1. Juniwoche

Werde empfänglich für die Gaben der Schöpferkraft.

Demut ist die Zierde der Engel und der Heiligen. Bemühen auch wir uns darum, Demut zu entfalten. Demut entsteht, wenn wir beginnen, dankbar zu werden. Es gibt soviel Anlässe zu Dankbarkeit: für die Chance des menschlichen Lebens, für das Geschenk lieber Gefährten, für die Sehnsucht nach Liebe. Sinnen wir darüber nach, was wir aus eigener Kraft schaffen und wieviel aus der wunderbaren ewigen Lebenskraft fließt. Hegen wir die sensible Empfänglichkeit für die Schönheit und Wahrheit des Lebens.

Notieren wir an jedem Abend mindestens drei Dinge, für die wir dankbar sein dürfen.

2. Juniwoche

Lausche am frühen Morgen auf die Verheißung des neuen Tages.

Verkündiger der Morgenröte, des Friedens Bote sollst du sein. Sanft wie die Luft in Harf und Flöte hauch ich dir meinen Atem ein. Gott sei mit dir, geh hin und wasche die Augen dir mit Morgentau… (Novalis)

Gehen wir in dieser Woche sehr zeitig zu Bett, um früh genug aufzustehen, um den Anbruch des Tages draußen in der Natur bewußt mitzuerleben. Lassen wir uns ganz in die Stimmung des jeweiligen Morgens ein – sei er hell oder trüb, sonnig warm oder noch recht frisch. Nehmen wir eine Qualität unseres Erlebens gezielt in den Alltag mit hinein!

3. Juniwoche

Halte inne am Mittag und prüfe, wohin Du heute gehst.

Nimm Dir vor, jeden Mittag fünf Minuten Pause einzulegen und zu überlegen: Wie ist der Tag bisher «gelaufen» Bin ich im richtigen Rhythmus, spüre ich meine Energie? Oder gibt es bestimmte Blockaden und bin ich gerade auf dem «Holzweg»?

Entscheide Dich, welche Engelkraft Dir für die zweite Tageshälfte am wichtigsten scheint. Nimm Dir weitere fünf Minuten Zeit, um Dich mit geschlossenen Augen ganz auf diese Kraft einzustellen, Dir ihre Schwingung im gesamten Körper, nicht nur in Gedanken, einzuprägen, um den Rest des Tags schöpferisch zu gestalten.

4. Juniwoche

Beschließe diesen Abend mit einem stillen Lied des Dankes.

Dankbarkeit ist das Gedächtnis des Herzens.
(J.P. Massieu)

So vielen Menschen im Leben dürfen (und sollten) wir von Herzen dankbar sein: unseren Eltern, Geschwistern, Kindern anderen Verwandten, Freunden, Arbeitskollegen, unseren Lehrern in Schule und Hochschule, und nicht zuletzt den spirituellen Lehrern, Weisen und Heiligen, die immer wieder zum Trost, zur Erhebung und zur geistigen Führung der Menschen kommen.

Nehmen wir uns jeden Abend in dieser Woche Zeit, mindestens an einen Menschen zu denken, dem wir für etwas am Tage zu danken haben. Sagen wir ihm unseren Dank – im Geiste, am Telefon oder morgen persönlich.

Jeder Tag bringt eine Chance,

1.6. Positive Mystik: Entwicklung von Körper, Geist *und* Seele.
2.6. Glaube an die Ideale deiner Seele und strebe sie an.
3.6. Liebe kennt keine Gesetze.
4.6. Ich strebe nach Selbsterkenntnis und Gotterfahrung.
5.6. Heile erst deine Seele, dann wird die Körperheilung folgen.
6.6. Laß deine Energien frei fließen.
7.6. Die Seele heilt durch die Verbindung mit dem Heiligen Geist.
8.6. Wir träumen voneinander, mein Engel und ich.
9.6. Herr: es ist Zeit. Zeit, daß Du mich wieder zu Dir holst.
10.6. Folge Deiner inneren Stimme voller Vertrauen und Weisheit.
11.6. Bildung ist mehr als Wissen, sie ist Anleitung zum Erwachen.
12.6. Spiritualität ist die Frucht des inneren Erwachens.
13.6. Dein Leben ist das richtige für dich.
14.6. Tränen wahrer Liebe werden zu den Sprossen deiner Himmelsleiter.
15.6. Kümmere dich zuerst um deine eigenen Angelegenheiten.

das Leben ganz neu zu entfalten!

16.6. Wenn man weiß, daß man nichts weiß, kann man den Weg eher finden.

17.6. Die Erde braucht Reformer – solche, die sich selbst reformieren.

18.6. Wer weiß, redet nicht; wer redet, weiß nicht. (Wer schreibt…)

19.6. Langsam, aber beständig kommt man in der Meditation gut voran.

20.6. Jeder Heilige hat eine Vergangenheit, jeder Sünder eine Zukunft.

21.6. Genieße die Fülle des Lebens auf allen Ebenen.

22.6. Ich pflege liebevolle Verbindung zu Kindern und zum Kind in mir.

23.6. Was bist du bereit, dem Leben zu geben?

24.6. Dank an den Einen für Sein Geschenk des Lebens.

25.6. Freue dich über das Leben wie über einen Regenbogen.

26.6. Erweitern wir den Blick auf das Leben durch neue Perspektiven.

27.6. Ich erkenne, daß ich mich entwickeln muß.

28.6. Transformieren wir Wut und Schmerz in schöpferische Kraft.

29.6. Betrachte die Augen der Menschen als Fenster ihrer Seele.

30.6. Finde immer wieder zur Mitte deines bewußten Seins, zur Liebe.

Halte in der Jahresmitte inne
und spüre, wo Du stehst…

Lebst Du aus Freude?
Strahlst Du Frieden aus?

Bist Du bewußt?
Spürst Du Liebe in Dir?

Lebst Du intensiv auf's
Wesentliche hin?

Welche Stärken möchtest Du
entfalten und ausbauen?

Welche Schwächen möchtest
Du nach und nach loslassen?

Was ist Dir für die zweite
Jahreshälfte wichtig?

Ziehe eine Engelkarte zur
Inspiration und als Hilfe!

Entwickle Deine geistige Klarheit.

Erst, wenn wir uns aus dem dichten Netz der Welt lösen und unsere Seele sich in die Weiten der höheren Sphären erhebt, können wir wirklich erkennen, wer wir sind, warum wir leben und was die nächsten Schritte sind. Meditation verleiht der Seele die Schwingen zum Himmel.

JULI

Unsere Flüge durch die Weiten
dieser Schöpfung werden eines
Tages zu Ende sein.
Der Mensch, wenn er gänzlich
erschöpft ist, wird schließlich
zu Dir zurückkommen,
oh Gott.

Darshan Singh

Meditation ist die Kraft der Seele – nutze sie.

Beten bedeutet, zu Gott zu sprechen. Meditieren heißt, sich still für Gott zu öffnen. Meditation ist, wenn wir unsere Aufmerksamkeit zeitweise in uns sammeln, anstatt sie wie sonst auf das Geschehen in der Welt zu richten. Durch neun Körperöffnungen richten sich unsere Sinne nach außen: durch Augen, Ohren, Nase, Mund, Geschlechts- und Ausscheidungsorgan. Durch ein zehntes Tor kann die Seele nach innen schauen: durch das «dritte Auge» oder Einzelauge. «Wenn dein Auge einfältig ist, so wird dein ganzer Leib licht sein.» Dann beginnt Meditation.

1. Juliwoche

Meditation auf Gott hin ist die wahre Kraft der Seele.

So viele Dinge werden heute Meditation genannt, die mehr mit schönen Gefühlen, erhebenden Gedanken und Wohlbefinden des Körpers zu tun haben als wirklich mit Meditation. Wir können uns zum Beispiel zwar Engel vorstellen, sie jedoch nicht «zwingen» sich uns wahrhaftig zu zeigen. Wir können uns um «astrale» innere Erlebnisse bemühen, bleiben der Heimat der Seele aber fern.

Unsere Seele erwacht erst, wenn sie eigene Erfahrungen mit den beiden Aspekten der schöpferischen Kraft gewinnt, mit dem WORT, dem *Heiligen Geist*, mit dem Licht und der Musik Gottes.

2. Juliwoche

Schaue die Schönheit in den Weiten des Kosmos.

Die Engel sind Gottesboten und Lichtgestalten. Sie teilen uns mit, daß auch unser Wesen Licht ist und wir das selbst im Inneren schauen können. Mystiker sagen uns, daß wir auf der ersten inneren Ebene das Licht von Kerzen sehen, auf der zweiten das Licht der rot aufgehenden Sonne. Auf der dritten Ebene scheint ein Licht wie von einem strahlenden Vollmond, auf der vierten wie von der Mittagssonne. Die fünfte innere Ebene, die man auch *Heimat der Seele* nennt, ist voller Licht.

Beginnen wir die Reise in den Kosmos jetzt.

3. Juliwoche

Schließe die Augen und lausche auf die Chöre der Engel.

Schon Pythagoras sprach von *Musik der Sphären.* Das ist keine Metapher, sondern wörtlich gemeint. Die Engelschöre sind wunderbare Wirklichkeit! Auf der ersten inneren Ebene hören wir, wie uns die Menschen versichern, die nach innen gehen können, Glocken und Muschelhorn. Auf der zweiten Ebene herrschen die Klänge von Donner und Muschelhorn vor, auf der dritten hören wir Violinen, auf der vierten die Flöte, auf der fünften Ebene, der *Seelenheimat,* den Klang des Dudelsacks oder der Veena.

Wenn das *innere Ohr* geöffnet wurde, hören wir diese Musik, die uns in die Heimat ruft.

4. Juliwoche

Göttliches Licht und Himmelsmusik führen Dich nach Hause.

In allen Kirchen, Tempeln, Moscheen, Synagogen und anderen Gotteshäusern finden wir Licht und Klang: Kerzen, das ewige Licht, Öllampen, Glocken, Gongs usf. Sie sind schwache äußere Symbole der inneren Wirklichkeit. Um Zugang zu den Innenwelten zu erlangen, um sich auf die Ebene der Engel zu erheben und sogar noch darüber hinaus, bedürfen wir der kundigen Anleitung und liebevollen Führer durch Heilige oder spirituelle Lehrer, die diesen Weg kennen und Auftrag sowie die Vollmacht haben, andere Seelen dorthin zu führen.

Beten wir darum, einem solchen Helfer zu begegnen.

Jeder Tag bringt eine Chance,

1.7. Alles, was uns geschieht, besitzt eine (verborgene?) Bedeutung.
2.7. Jeder dunklen Nacht folgt ein heller Morgen.
3.7. Erblicke in den funkelnden Sternen deine himmlische Herkunft.
4.7. Begehre nur, was in dir ist.
5.7. Erfrage von den Heiligen die Geheimnisse des ewigen Lebens.
6.7. Geduld ist schwierig, trägt aber reiche Frucht.
7.7. Lausche dem Lied des Lebens.
8.7. Ich gehe auf dem Weg des Lichts voran.
9.7. Die Seele des Menschen ist unsterblich; du bist Seele.
10.7. Dem wunden Herzen wird liebevoller Trost von Ihm zuteil.
11.7. Friede sei mit dir!
12.7. Wie oben, so unten.
13.7. Gott wohnt in uns und außer uns; in Heiligen wird Er sichtbar.
14.7. Dienen, Opfer bringen: Schritte zur Selbstverwirklichung.
15.7. Karma kann nur durch Verbindung mit einem Heiligen gelöst werden.

das Leben ganz neu zu entfalten!

16.7. Ob klein oder groß – derselbe Gott lebt in allen Wesen.
17.7. Öffne deine Seele in stiller Demut für Seine Gaben.
18.7. Ungeboren, unsterblich: Seele, das bewußte Sein, das wir sind.
19.7. Weniger reden, mehr verwirklichen.
20.7. Ich bewirke die notwendige Transformation in meinem Leben.
21.7. Weniger lesen, mehr meditieren.
22.7. Worum soll ich beten? Um Heilung, Erleuchtung oder um Dich?
23.7. Heile mit den heilenden Energien der Engel.
24.7. In der Stille meiner Seele ertönt die Botschaft der Engel.
25.7. Zumindest ist das Leben immer voller Überraschungen.
26.7. Entzünden wir ein Licht der Hoffnung für Seelen, die in Not sind.
27.7. Werde zur Flöte in Seiner Hand, die Seine Größe besingt.
28.7. Ich bitte Dich: Zeige mir den Weg zu Dir!
29.7. Laß mich Liebe säen, wo Bitterkeit herrscht…
30.7. Gott, wir danken Dir für alle Deine Gaben!
31.7. Alles fließt, alles vergeht, was immer es sei.

AUGUST

Es war, als hätt der Himmel
Die Erde still geküßt...

Joseph von Eichendorff

Kinder sind ein Versprechen der Engel, das wir halten sollten!

Ihr dürft ihnen eure Liebe geben, aber nicht eure Gedanken, denn sie haben ihre eigenen Gedanken. Ihr dürft ihren Körpern ein Haus geben, aber nicht ihren Seelen… Ihr seid die Bogen, von denen eure Kinder als lebende Pfeile ausgeschickt werden. Der Schütze sieht das Ziel auf dem Pfad der Unendlichkeit, und Er spannt euch mit Seiner Macht, damit seine Pfeile schnell und weit fliegen. Laßt euren Bogen von der Hand des Schützen auf Freude gerichtet sein; denn so wie Er den Pfeil liebt, der fliegt, so liebt Er auch den Bogen, der fest ist.

Khalil Gibran, Der Prophet

1. Augustwoche

Die Fülle der Schöpfung will Dir zufließen – öffne Dich!

Jeder ist einzigartig. Vergleich dich nicht mit anderen, damit du nicht Gottes Plan durcheinanderbringst.
(Baal Shem Tov)

Alle Wesen haben ihre unverwechselbare Individualität, ihre eigenen Fähigkeiten und Aufgaben (auch karmische Lernaufgaben) und ihre persönliche Weise, Fülle und Vielfalt, Liebe und Leben, Freude und Verwirklichung zu empfangen. Was würde es nützen, wenn der Apfel wie die Birne, der Vogel wie der Delphin, oder wir wie jemand anderes sein wollten?

Finden wir in dieser Woche heraus, auf welche Weise wir uns für Fülle am besten öffnen.

2. Augustwoche

Harmonie erwächst aus einem Herzen, das sich behütet weiß.

Wie leicht fällt es uns, ein Kätzchen auf den Schoß zu nehmen oder einen kleinen Hund zu streicheln. Wie gerne halten die meisten von uns ein Baby im Arm, streicheln und necken es, wiegen und hätscheln es.
In jedem von uns ist ein «inneres» kleines Kind, das sich nach Liebe und Geborgenheit sehnt, nach Zuspruch und einer Schulter, an die es sein Köpfchen vertrauensvoll anlehnen darf.

Wem können wir in dieser Woche Geborgenheit vermitteln, wer braucht jetzt unsere Umarmung oder eine starke Schulter?

3. Augustwoche

Die Engel sind mit Dir im Abenteuer des Lebens.

Du bist nie allein. Jene große, geheimnisvolle, ungeheure und wunderbare Kraft, die dieses undurchschaubare «Spiel» des Lebens in Gang gesetzt hat und aufrecht erhält, ist immer und überall gegenwärtig.

Dein Wort ist meines Fußes Leuchte und ein Licht auf meinem Wege. (Psalter)

Was ist das «Wort»? Um welches Licht und welchen Weg geht es? Das WORT ist die Gotteskraft, mit der wir am «dritten Auge» in Form von Licht Kontakt erhalten können. Es führt die Seele auf ihrem Weg zu Gott.

Suchen wir nach dieser Verbindung, die ein Mensch, der für Gott erwacht ist, geben kann.

4. Augustwoche

Das Leben selbst ist eine Überraschung – genieße sie!

Wunder über Wunder...

Wenn die Flamme aus dem Kelch aufblitzt, bricht ein Lichtstrahl hervor; wenn aber meine Augen denen des Mundschenks begegnen, wird der Tag anbrechen.

(Darshan Singh)

Wie wundervoll sind alle Schätze der Schöpfung! Um wieviel wunderbarer muß dann der Schöpfer sein? Genießen wir das Leben als einen Weg, der vom Ziel wie magisch angezogen wird, als ein Lied, das auf zauberhafte Weise von selbst aus dem göttlichen Instrument erklingt.

Freue Dich in dieser Woche über jede Begebenheit als neue Chance, ans Ziel zu gelangen und dabei den Weg zu genießen.

Jeder Tag bringt eine Chance,

1.8. Je stiller du wirst, desto mehr hörst du.
2.8. Liebe ist wie ein Tautropfen und wie ein Feuerfunke zugleich.
3.8. Gib nicht nur deinem Körper Nahrung, sondern auch deiner Seele!
4.8. Gott gibt, wir teilen nur aus.
5.8. Richte nicht, auf daß du nicht gerichtet wirst.
6.8. Warum in die Ferne schweifen, sieh, das Gute liegt so nah.
7.8. Finde den Ort des wahren Friedens in dir selbst.
8.8. Heute lasse ich mich ganz in das Mysterium des Lebens ein.
9.8. Vergebung ist ein Schlüssel zu Handlungsfähigkeit und Freiheit.
10.8. Vertraue auf Allah, aber binde zuerst dein Kamel an.
11.8. Solange du zur Sonne blickst, fällt dein Schatten hinter dich.
12.8. Strebe nach Klarheit in deinen Zielen.
13.8. Nur mit dem Herzen kannst du wirklich sehen.
14.8. Körper, Gefühl, Verstand habe ich – ich bin aber Seele, Selbst.
15.8. In einem Samen ist ein ganzer Wald enthalten.

das Leben ganz neu zu entfalten!

16.8. Schaue nicht vor oder zurück, sondern nach oben und innen.

17.8. Kein Problem!

18.8. Laß Raum in deinem Leben für deine Träume.

19.8. Was die Sonne für Blumen, ist ein Lächeln für den Mitmenschen.

20.8. Ich bin bewußtes Sein.

21.8. Übe Toleranz – gegenüber anderen Menschen, Rassen, Religionen.

22.8. Wer aufrichtig ist, muß nicht flüstern.

23.8. Nichts ist so beständig wie der Wandel.

24.8. Wenn wir wüßten, wie Gott uns liebt, tanzten wir vor Freude.

25.8. Nichts ist stärker als Sanftmut.

26.8. Seelen sind vom selben Wesen wie Gott; kehre zur Quelle zurück.

27.8. Beklage nicht die Dunkelheit, zünde lieber ein Licht an.

28.8. Ein Diamant ist Kohle, die durch die Zeiten gewandelt wurde.

29.8. Öffne deine Tage für Liebe und Licht.

30.8. Lebe in Freundschaft mit dem Leben und der Schöpfung.

31.8. Drei Tugenden: erstens Demut, zweitens Demut, drittens Demut.

SEPTEMBER

Nicht das Denken erlöst die Welt, sondern die Liebe.

Manfred Kyber

Du fragst mich Kind, was Liebe ist?
Ein Stern in einem Haufen Mist.

Heinrich Heine

Darin besteht die Liebe: Daß sich zwei Einsame beschützen und berühren und miteinander reden.

Rainer Maria Rilke

Sei wie ein Engel: hilf auf der Erde und lebe in Gott.

Wenn die Blumen der Kirche, der Moschee und des Tempels gemeinsam erblühen, dann wird der wahre Frühling in Deinem Garten erwachen, o Herr.

(Darshan Singh)

Gehören die Engel irgendeiner Religion an, sind sie konfessionell «gebunden» Religiöse Toleranz beginnt damit, daß wir die Heiligen und Meister, die Weisen und Propheten aller Religionen achten und dem den Vorrang geben, was uns spirituell eint vor dem, was uns vielleicht an Riten und Sitten trennen mag. Hören wir mit den Ohren des Herzens auf Hilferufe von Mitmenschen und schauen wir mit den Augen der Seele, wie wir helfen können.

1. Septemberwoche

**Sei voller Leichtigkeit
wie die Engel.**

Weißt Du, warum Engel fliegen können? Weil sie sich selbst leicht nehmen! (T.L.Taylor)

Stell Dich aufrecht in die Sonne oder den Wind, in den Regen oder irgendwo in die Natur und atme erst einmal mehrere Male tief durch. Laß mit jedem Ausatmen alles Schwere und Dunkle los, alle Sorgen und Lasten. Nimm mit jedem Einatmen neue, gute Frische in Dir auf. Oder laufe durch Wiesen und Wald, wandere auf einen Berg, suche die Klarheit der Höhe. Geh mal wieder tanzen – dort, wo die Musik noch menschlich ist, die Luft noch Luft…

2. Septemberwoche

Die Kraft der Transformation nimmt Altes und gibt Neues.

Transformation ist meist mit Leid verbunden, weil wir am Alten festhalten und das Neue noch nicht sehen.
Die beste Perspektive auf unseren Lebensweg gewinnen wir jenseits unserer dichten Gefühle und Gedanken.

Um uns darüber zu erheben, können wir die Aufmerksamkeit der Seele am stillen Punkt des Friedens, dem Sitz der Seele zwischen und hinter den Augenbrauen, am «dritten Auge» konzentrieren.
Sammle dich in dieser Woche, an jedem Tage, so oft wie möglich dort!

3. Septemberwoche

**Spüre die Kraft der Engel
und laß Dich von ihr tragen.**

Du bist mein, ich bin dein:
Des sollst Du gewisse sein.
Du bist beschlossen
In meinem Herzen;
Verloren ist das Schlüsselein:
Du mußt immer drinnen sein.

(Mittelalterliches Minnelied)

Solange wir in diesem Körper sind, währt die göttliche Gabe, daß wir uns auf Engelsflügeln zu Ihm aufschwingen können. Gott ist zweifellos in unserem Herzen, wir müssen Ihn und seine Kraft jedoch auch erfahren und in Ihm leben!

Tragen wir die Botschaft der Engel hinein in unser Herz und leben wir sie hinaus in die Welt: Eine Menschheit, Eine Schöpfung, Ein Gott.

4. Septemberwoche

Schenke Dir die Vision der Freude und lebe täglich darin.

Liebe ist das einzige, was nicht weniger wird, wenn wir es verschwenden. (Ricarda Huch)

Es ist mit der Liebe wie mit den Pflanzen: Wer Liebe ernten will, muß Liebe säen. (Jeremias Gotthelf)

Lebensfreude entsteht aus der Liebe für die Schöpfung, für andere Wesen. Je mehr wir anderen Liebe und Freude bereiten, desto mehr kommt zu uns zurück.

Nehmen wir uns fest vor, in dieser Woche an jedem einzelnen Tage wenigstens einmal als Botschafter der Wahrheit und des Lichts zu wirken!

Jeder Tag bringt eine Chance,

1.9. Vergib mir meine Schuld und hilf mir aus der Versuchung…
2.9. Der Mensch denkt, Gott lenkt.
3.9. Die Menschen, die das Leben dir zugesellt hat, habe sie lieb.
4.9. Ich nehme jeden Tag als Chance zur Weiterentwicklung an.
5.9. Glauben wir an das Gute, auch wenn das als «unpraktisch» gilt.
6.9. Einer trage des andern Last.
7.9. Du hast viele Namen. Sehen wir in allen Deine Herrlichkeit.
8.9. Werde zum Magnet für alle positiven Kräfte.
9.9. Heute will ich zum Boten der Freude und des Glücks werden.
10.9. Leben: eine Sternschnuppe in der Nacht. Nutze deine Zeit.
11.9. Jeder Mensch ist frei, jederzeit sein Antlitz Gott zuzuwenden.
12.9. Keine Sekunde ist zu kurz, um Kontakt mit den Engeln zu pflegen.
13.9. Der Diamant, noch nicht die Kohle, kann das Licht spiegeln.
14.9. Spüre die Kraft und Fülle der Erde, die uns alle trägt.
15.9. Der Körper ist wie die Kohle, die erwachte Seele wie der Diamant.

das Leben ganz neu zu entfalten!

16.9. Wir sollen heiter Raum um Raum durchschreiten…
17.9. …der Weltgeist will nicht fesseln uns und engen…
18.9. Wohlan denn, Herz, nimm Abschied und gesunde.
19.9. Öffne dein Herz und erfreue dich an der Musik der Engel.
20.9. Das Leben ist voller Gelegenheiten zum Lieben.
21.9. Alles hat seine Zeit, das Wissen und das Nichtwissen…
22.9. Liebe und Bescheidenheit gehen Hand in Hand.
23.9. Nehmen wir anderer und eigene Unvollkommenheit demütig an.
24.9. Wer liebt, lebt. Wer liebt, ist schöpferisch. Liebe.
25.9. Sind wir nicht alle Kinder Gottes? Leben wir so?
26.9. Liebe steigt in einer erwachten Seele empor: wach auf!
27.9. Ich lasse mich ein in den Rhythmus der Zeit.
28.9. Erlaube dir und anderen, dort zu sein, wo ihr jetzt seid.
29.9. Durch Liebe berührst Du das Unendliche in Dir selbst.
30.9. Im Anfang war das Wort… Entdecken wir das ewige Wort in uns!

OKTOBER

Schweigt der Menschen laute Lust:
Rauscht die Erde wie in Träumen
Wunderbar mit allen Bäumen,
Was dem Herzen kaum bewußt,
Alte Zeiten, linde Trauer,
Und es schweifen leise Schauer
Wetterleuchtend durch die Brust.

Joseph von Eichendorff

Sei dankbar für die Chance, durch Leben bewußt zu werden.

Wer nie sein Brot mit Tränen aß,
Wer nie die kummervollen Nächte
Auf seinem Bette weinend saß,
Der kennt euch nicht, ihr himmlischen Mächte.
Ihr führt ins Leben uns hinein,
Ihr laßt den Armen schuldig werden,
Dann überlaßt ihr ihn der Pein:
Denn alle Schuld rächt sich auf Erden …

Goethe

Wie ein Töpfer der Form des Tons auf der Drehscheibe mit einer Hand von innen her Halt gibt, während er sie mit der anderen von außen her prüft, klopft, fortnimmt und dazu gibt, so werden wir in Himmelshöhen unsichtbar gehalten, während die Welt auf uns spürbar wirkt.

1. Oktoberwoche

Im Ausgleich von Geben und Nehmen liegt Lebenskraft.

Es heißt zwar, Geben sei seliger denn Nehmen, aber auch die Fähigkeit, ein Geschenk, ein nettes Wort, ein liebevolles Angebot der Hilfe oder auch ein Lächeln einfach anzunehmen, ist eine Kunst und Gabe, die das Herz des Gebenden erfreuen und die eigene Demut entwickeln helfen kann.

Üben wir in dieser Woche, sowohl frohgemut zu geben wie gerne und dankbar anzunehmen und zu empfangen – komme es von anderen Menschen oder von «innen»

2. Oktoberwoche

Erlaube den Engeln, in Deine Träume hineinzufliegen.

Wem von uns ist es schon vergönnt, Engeln im Alltag zu begegnen? Wir können über sie lesen, Bilder anschauen, die Phantasie schweifen lassen und in Visionen mit ihnen in Verbindung treten – und über sie meditieren. Wir können sie aber auch bitten, in unsere Träume hineinzufliegen.

Nimm Dir jeden Abend in dieser Woche zehn Minuten vor dem Einschlafen Zeit, um Dich auf eine Engelkraft bewußt einzustellen. Wähle selbst aus, welche Engelkraft es sein soll. Führe Tagebuch, was in Deinen Träumen dann geschieht, welche Gefühle Du erlebst und ob Du praktische Hinweise erhältst?

3. Oktoberwoche

Öffne Dich für die unzähligen Wunder der Engelwelten.

Wir träumten voneinander
Und sind davon erwacht,
Wir leben, um uns zu lieben,
Und sinken zurück in die Nacht.
Du tratst aus meinem Traume,
Aus Deinem trat ich hervor,
Wir sterben, wenn sich Eines
im Andern ganz verlor.
Auf einer Lilie zittern
Zwei Tropfen rein und rund,
Zerfließen in eins und rollen
Hinab in des Kelches Grund.

(Friedrich Hebbel)

Das größte Wunder in der Welt der Engel und auf Erden ist die Liebe.

Wage die Liebe!

4. Oktoberwoche

Höre auf die Stimme Deines Schutzengels und folge ihr.

Ohne Dich wäre mein ganzes Leben leer,
Ohne Dich wäre der Garten
meines Herzens wie vertrocknet.
Ohne Dich irrte meine Seele
verloren in den dunklen Weiten
der Welten umher.

(Anonym)

Wer ist unser «Schutzengel» Nur die meist unsichtbaren himmlischen Gottesboten? Es gibt auch menschliche, wie Mutter, Vater und Kind, wie Seelenpartner und Busenfreund. Es gibt Elfen, Feen und Tiere, die uns wie Schutzengel helfen.

Setzen wir uns jeden Abend in dieser Woche mit Muße hin und spüren wir, welches Wesen uns heute wie ein Schutzengel war. Sagen wir ihm stillen Dank.

Jeder Tag bringt eine Chance,

1.10. Bestand haben jene Augenblicke, in denen wir Liebe leben.

2.10. Kämpfe nicht gegen das Böse, und es wird von selbst vergehen.

3.10. Öffne dankbar dein Herz, wenn du erntest, was lange reifte.

4.10. Fehler lassen sich leicht korrigieren, solange sie klein sind.

5.10. Kein Ort der Welt, an dem Liebe nicht möglich ist.

6.10. Dein Leben ist das Echo eines Liedes, das Gott geschrieben hat.

7.10. Von allem kann ich mich trennen, nur nicht von Dir.

8.10. Denke was gut, sprich was freundlich und tue was liebevoll ist.

9.10. Seit ich nicht mehr bei dir bin, vermag ich nur noch zu weinen.

10.10. Höre auf die fernen Klänge, die deine Seele rufen.

11.10. Eines Tages muß du ohnehin «springen» warum nicht heute?

12.10. Engel, sprich das Zauberwort in meine Seele…

13.10. Verbinde Stärke und Sanftmut in deinem Leben.

14.10. Keiner wird immer bei dir sein außer einem wahren Meister.

15.10. Ich werde mir jeden Tag Zeit für Momente der Stille schaffen.

das Leben ganz neu zu entfalten!

16.10. Wo bin ich Gegenstück, wo Ergänzung zum Nächsten?
17.10. Verschiebe die Arbeit im Herzen nicht, fange heute an.
18.10. Die Krankheit von heute ist die Verletzung der Naturgesetze von gestern.
19.10. Ich gebe meinen höchsten Idealen Raum, sich zu verwirklichen.
20.10. Auch Schmerz ist eine Botschaft der Engel: die zur Wandlung.
21.10. Laß nichts Böses in deinen Gedanken sein.
22.10. Alle Menschen werden Brüder, wo Sein sanfter Flügel weilt.
23.10. Ein liebendes Herz ist ein Kleinod in einer gefühllosen Welt.
24.10. Liebe, und alles ist gut.
25.10. Nicht Verstand, sondern Herz und Charakter helfen uns zu leben.
26.10. Es bedarf nicht vieler Worte, um die Wahrheit zu sprechen.
27.10. Alles Große ist einfach!
28.10. Bewußt gemachte Lebenserfahrungen gehen nie verloren.
29.10. Glaube, hoffe, erwarte ein Wunder – und es wird geschehen.
30.10. Alle Geschöpfe sind füreinander geschaffen.
31.10. Erinnern wir uns der Botschaft der Engel: der Schöpfer lebt!

NOVEMBER

An die Leere, das Leichte mich
erinnernd,
brach ein Licht hervor.
Ich biete mich einem Sein dar,
ohne auf etwas zu gründen.

Kabir

Welche Engelkraft möchtest Du heute erleben und ausstrahlen?

Alles Vergängliche
Ist nur ein Gleichnis;
Das Unzulängliche,
Hier wird's Ereignis;
Das Unbeschreibliche,
Hier ists getan;
Das Ewig-Weibliche
Zieht uns hinan.

Goethes *Chorus Mysticus* ermuntert uns, hohe heilige Kräfte zu erstreben, obwohl wir wissen, daß wir sie auf der irdischen Ebene nie werden vollkommen erfahren und verwirklichen können. Spüre in Dein Herz und lasse Deiner Seele freien Flug, empfange innig und ehrfürchtig zugleich die Engelkraft, die für Dich jetzt besonders wichtig ist.

1. Novemberwoche

Wasser paßt sich an, ohne seine Natur zu verlieren.

Das Weichste, das Wasser, wird auf Dauer das Härteste, den Stein besiegen, wie das TAO TE KING weiß. Dabei paßt sich ein Bächlein immer an, schlängelt sich auf dem eigenen Weg des geringsten Widerstands seinem Ziele zu, nimmt an Kraft und Stärke durch den Zusammenfluß mit anderen Wassern zu, um schließlich mit der Fülle des Meeres eins zu werden. Seiner Natur bleibt es auf seiner langen Reise unterdes immer treu.

Versuche in dieser Woche, so anpassungsfähig und gleichzeitig zielbewußt wie möglich auf Deinem Weg voranzukommen.

2. Novemberwoche

Pioniergeist heißt, in neue Himmelssphären zu stürmen.

Je mehr ein Mensch mit sich und in sich eins ist und Herzenseinfalt besitzt, desto größere und höhere Dinge lernt er ohne Mühe verstehen; denn er empfängt das Licht von oben herab. Und ein lichterfülltes Herz dringt durch Himmel und Hölle.

(Thomas von Kempen)

Halte Deinen Geist in keinem Panzer gefangen, lege Deiner Seele keine Zügel an. Schiebe die schönsten Sehnsüchte und höchsten Aspirationen nicht aus Kleinmut oder «Realismus» fort, sondern gib ihnen Raum!

Tue an jedem Tag in dieser Woche eine Sache, die Deiner Seele neue Flügel und ein neues Glücksgefühl schenkt.

3. Novemberwoche

Bekämpfe nicht die Schwächen, sondern entwickle Deine Stärken.

Oft genug verlieren wir uns im Lamentieren über Schwächen und vergeuden Zeit und Energie, um über Hindernisse im Leben nachzugrübeln. So wichtig es ist, Charakterschwächen und fehlerhafte Verhaltensmuster zu erkennen, so richtig ist jedoch, daß sie meistens am besten und schnellsten überwunden oder «ausgebügelt» werden, wenn wir die bereits vorhandenen Stärken, die positiven Seiten, weiter entwickeln und sinnvoll nutzen.

Welche Stärken habe ich? Was macht mir Freude und hilft dem Leben? Versuche jeden Tag, eine andere, «neue» Stärke im Alltag ganz praktisch anzuwenden und zu verwirklichen!

4. Novemberwoche

Sphärenklänge rufen Dich in Deine wahre Heimat.

Ahnungsvoll lauschen wir auf die zarten Klänge himmlischer Saiten, hoffnungsvoll hören wir die süßen Perlentöne der göttlichen Flöte unsere Seele rufen… immerwährende Musik der Sphären, die uns zur Quelle des Lichtes und des ewigen Lebens führt. Wie können wir diese Musik hören? Erst, wenn unser «Inneres» geöffnet worden ist, vernehmen wir die Klänge der Ewigkeit, das WORT.

Suchen wir nach einem lebenden Lehrer, der kraft eigener Bewußtheit und göttlichen Auftrags uns mit jener Himmelsmusik verbinden kann, die zu unserem Rettungsanker wird.

Jeder Tag bringt eine Chance,

1.11. Ich bin niemals «zu alt» um die Stimmen der Engel zu hören.
2.11. Tauche ein in Gott: keine Kasten, keine Religionen mehr!
3.11. Tanze ohne Füße, spiele ohne Instrument, singe ohne Stimme.
4.11. Der Arzt gibt Medizin, die Natur heilt.
5.11. Was könnte lieblicher sein als die Engelsharfen, die uns rufen?
6.11. Heiterkeit ist der Himmel, unter dem alles gedeiht.
7.11. Stirb, ehe du noch stirbst, damit du nicht mußt sterben…
8.11. Wer wirklich gütig ist, kann nie unglücklich sein.
9.11. Wer wirklich weise ist, kann nie verwirrt sein.
10.11. Wer wirklich in Gott ruht, weiß sich behütet und tröstet andere.
11.11. Liebe deinen Nächsten wie dich selbst.
12.11. Wer wirklich nach Gott sucht, wird Seinem Boten begegnen.
13.11. Seelenglück ist das Geburtsrecht jedes Menschen.
14.11. Wer schaffen will, muß fröhlich sein.
15.11. Sei gut, tue Gutes, sei Eins.

das Leben ganz neu zu entfalten!

16.11. Machen wir aus der Welt, so wie sie ist, das Beste.
17.11. Der wahre Krieger ringt mich sich selbst.
18.11. Konfessionen: an ihren Früchten sollt ihr sie erkennen.
19.11. Finde deine Heimat, bevor du dieses Haus verlassen mußt.
20.11. Sei liebevoll im Umgang mit dem Nächsten.
21.11. Unser Haar können wir färben – unser Gesicht auch?
22.11. Wahres Glück liegt in einem treuen Herzen.
23.11. In den Augen Gottes hat jeder Mensch seinen Wert.
24.11. Ich bin nicht außer Gott und Gott nicht außer mir…
25.11. Erkenne deine Stärken und nutze sie zum Wohle des Lebens.
26.11. Wirklich gebildet sind jene, die praktizieren, was sie wissen.
27.11. Der nächste Weg zu Gott ist durch der Liebe Tür…
28.11. …der Weg der Wissenschaft bringt dich gar langsam für.
29.11. Alle Gewässer, alle Wesen eilen zurück in ihren Ursprung.
30.11. Ich nehme mich selbst an und werde lebendig.

Halt an, wo läufst du hin,
der Himmel ist in dir:
Suchst du Gott anderswo,
du fehlst ihn für und für.

Angelus Silesius

Entdecke das innere Licht, höre die innere Musik, sei Du!

Das Licht scheinet in der Finsternis, aber die Finsternis hat's nicht ergriffen, steht am Beginn des Johannes-Evangeliums. Du bist in Wahrheit Seele, Du bist bewußtes Sein, Du bist Licht. Die Seele strahlt so hell wie sechzehn Sonnen, heißt es in der Mystik.

(Angelus Silesius, der «schlesische Engel» sagt im *Cherubinischen Wandersmann*:)

Wer seine Sinne ins Inn're hat gebracht, der hört, was man nicht red't und siehet in der Nacht.

Das ist kein frommer Spruch und keine Theorie, sondern erlebbare Wirklichkeit.

Suche danach!

1. Dezemberwoche

Die Suche nach Wahrheit führt zum Selbst und zu Gott.

Wär nicht das Auge sonnenhaft,
Die Sonne könnt es nie erblicken;
Läg nicht in uns des Gottes eigne Kraft,
Wie könnt uns Göttliches entzücken?

(Goethe)

Wahrheit, Selbst, Gott – sind das nicht Synonyme? Wie suchst Du am besten? Mit Gebet? Im Austausch mit anderen Menschen? Durch Lesen wichtiger Bücher? In der Natur? Durch Meditation?

Stelle diese Woche unter ein Thema: Wie suche ich an jedem Tag ein Stückchen weiter? Und suche wirklich auf die eine oder andere Weise!

2. Dezemberwoche

**Die Kraft des Gebets hilft,
wenn sonst nichts mehr hilft.**

Wahrhaft zu beten heißt, das Gemüt in einer Mitte, am Sitz der Seele, zu sammeln und den Geist am Punkt der Stille im Körper – zwischen und hinter den Augenbrauen (am «dritten Auge») zu sammeln. Darin ist alle Anbetung, alle Gebete, alle Entsagung und alle Erkenntnis des Diesseits und Jenseits.

(Kirpal Singh)

Auch wenn Du noch nie gebetest hast und nicht daran glaubst: Setz Dich jeden Tag Minuten still hin und sprich in Gedanken «Gott, wenn es Dich gibt, möchte ich zu Dir gelangen.» Oder bitte um das, was Dir am höchsten ist.

Sei jetzt auf Wunder gefaßt!

3. Dezemberwoche

Meisterschaft ist eines der Ziele auf dem Lebensweg.

Gottes Liebe ist wie ein Magnet von unbegrenzter Energie. Wenn die Seelen damit in Kontakt kommen, werden sie unwiderstehlich angezogen. Sie sehnen sich dann danach, sich für alle Zeiten mit der Quelle dieser Liebe zu vereinigen. (Rajinder Singh)

Meisterschaft entsteht aus der Verbindung der Seele mit der Gotteskraft: wenn wir aus der Quelle des ewigen Lebens, der Musik der Himmel und des schattenlosen Lichts in uns leben. Dann werden wir Leben und Tod meistern, weil wir nicht mehr aus dem Ich, sondern aus Ihm leben.

Leben wir voller Liebe!

4. Dezemberwoche

Laß Dich ein in die Ekstase der Himmelssphären.

Weder war ein Lächeln in den Blumen zu finden noch Licht in den Sternen. Bis ich Dich, o Geliebter traf, gab es keine wahre Freude... Sprich nicht von Schicksal sondern lehne dich an Ihn, denn Er kann dein Schicksal wandeln. In Ihm verbinde Deine Liebe und Deinen Glauben, Er wird dir die Himmelstüre öffnen. (Darshan Singh)

Allein, ohne einen lebenden Gottesboten, kann die Seele nicht den Weg in ihre wahre Heimat des Lichts, der Liebe, der Glückseligkeit und des ewigen Lebens finden.

Beten wir um die Gnade, einen solchen Gottesboten zu finden!

Jeder Tag bringt eine Chance,

1.12. Über dem Orakel-Tempel von Delphi: Mensch, erkenne dich selbst.
2.12. Liebe ist das einzige, was wächst, wenn wir es verschwenden.
3.12. Öffne dein Herz für den Ruf der Seele.
4.12. Der größte Schatz auf Erden ist ein Mensch, der in Gott lebt.
5.12. Wenn dein Auge einfältig ist, wird dein ganzer Leib licht sein.
6.12. Wann erhebt sich der Schwan zum ersten Male und fliegt hinauf?
7.12. Werde zum Spiegel der Wahrheit und des Lichts.
8.12. Sei freundlich zu allen Wesen: Leben ist Grundlage von Leben.
9.12. Das unendliche Universum liegt jenseits dieser Welt.
10.12. Um Blüten und Früchte zu haben, müssen wir die Wurzeln wässern.
11.12. Wer kennt das Meer, das im Tropfen aufgeht?
12.12. Ich suche den Pfad, der ohne Umwege in meine Heimat führt.
13.12. Gibt es irgendwo einen Ort, an dem Er nicht ist?
14.12. Wunder über Wunder: der große Gott in unserem kleinen Herzen.
15.12. Dank Dir, Hüter meiner Nächte, Sehnsüchte und Visionen.

das Leben ganz neu zu entfalten!

16.12. Lösen wir unsere Probleme, wie es im Himmel angemessen wäre.
17.12. Wenn du eines ganz tust, kannst du alles tun.
18.12. Meine Seele schreit nach Dir, o Gott: beende unsere Trennung.
19.12. Wann erwachen wir aus dem Traum des «realen» Lebens?
20.12. Das beste Heilmittel gegen Verzweiflung ist Dankbarkeit.
21.12. Ziehe dich zurück und schaue tief in dein Innerstes.
22.12. Ich lasse mich ein in die gelassene Heiterkeit des Seins.
23.12. Jeder Lebensplan führt auf seine Weise zur Vervollkommnung.
24.12. Liebe hat nur einen Anfang; sie kennt kein Ende.
25.12. Das WORT ward Fleisch und wohnte unter uns.
26.12. Ich lade die Engel ein, mich auf Ihn einzustimmen.
27.12. Möge Gott mir Seinen Boten senden, der mich zurückgeleitet.
28.12. Ich blicke auf Dich, Er blickt durch Dich auf mich. Danke!
29.12. Schenke dir den Mut, du selbst zu sein.
30.12. Liebe: die Unruhe eines sehnsuchtsvollen Herzens.
31.12. Das Sein ist wichtiger als das Tun…

Im Ausgleich von Geben und Empfangen liegt Lebenskraft.

Dank meinen verehrten, gütigen Lehrern Sant Darshan Singh und Sant Rajinder Singh. Ohne sie wäre mir eine Öffnung für die Himmelssphären nicht möglich.
Dank den lieben Seelen, die Licht und Freude in dieses Leben bringen und unsere Erde menschlicher machen.
Dank allen Seelen, die nach Wahrheit suchen und so dazu beitragen, daß die Kraft der Engel in der Welt wirken kann.
Daher: **Dank auch an Dich!**

Meditationsanleitung

In der spirituellen Meditation wendet der Mensch die Aufmerksamkeit der Seele nach innen, in die höheren Sphären – ohne jede Vorstellung, Visualisierung oder Projektion. Die folgende Anleitung geht auf Sant Rajinder Singh zurück, der sie allen Menschen frei anbietet.

Setze Dich entspannt und wach zugleich hin, wie es Dir bequem ist und schließe sanft die Augen. Blicke dann einfach mit geschlossenen Augen in die Mitte dessen, was vor Dir ist, ob es Dunkelheit sei, Licht oder anderes. Das, was im Inneren sieht, sind nicht die physischen Augen, sondern das Einzelauge oder «dritte Auge»

Um die Aufmerksamkeit gesammelt zu halten, wiederhole langsam und nur in Gedanken einen Namen Gottes. Fahre fort, beständig in die Mitte dessen zu schauen, was vor Dir ist, Nebel, Wolken, Licht, Farben, oder anderes, zehn bis dreißig Minuten lang.

Spirituelle Meditation führt zu innerem und äußeren Frieden, zu Klarheit des Geistes und Bewußtheit der Seele und zur Öffnung für göttliche, transpersonale Liebe.

Weitere Informationen zur spirituellen Meditation mit dem inneren Licht und Ton, zur vollständigen Einweisung und Anleitung sowie über Begegnungen mit einem kompetenten spirituellen Lehrer über

- Helga Kammerl, Jägerberg 21, D-82335 Berg, Tel. (08151) 50449, Fax 51038
- Angela Seiler, Tödistrasse 20, CH-8002 Zürich, Tel. (01) 2022372, Fax 201-6418
- Herbert Wasenegger, Mautner Markhofgasse 13-15/V/3, A-1110 Wien, Tel/Fax (01) 7491871

Die Suche nach der Wahrheit
führt zum Selbst und zu Gott!

Laß mich Vergängliches
verwinden, Herr.
Laß mich den Geist und deine
Güte finden, Herr.
Laß Licht mich tragen
zu den Blinden, Herr.

Alma Johanna Koenig

Auf den Weg!

Spüre Segen innen,
und strahle ihn
nach aussen weiter.

Wann immer ich von der Erde
zu den Sternen reiste,
begegnete mir Liebe
auf jedem Schritt
und Schönheit in jedem Blick.

Darshan Singh

Wulfing von Rohr ist Sachbuchautor und Fernsehproduzent. Er beschäftigt sich seit über zwanzig Jahren mit Fragen des offenbewußten Lebens, der Selbsterfahrung, der geistigen Suche und der spirituellen Verwirklichung im Alltagsleben. «Was lehrte Jesus wirklich? Eine verborgene Botschaft in der Bibel» hieß sein letztes Buch. Als Koautor hat er zahlreiche Bücher über alternative Heilweisen geschrieben.

Gelegentlich hält er Vorträge und Seminare zum Thema Engel. Infomationen über den Urania Verlag.